NOLA AUKERATU EGIN DUEN ENPRESARIK ONENA

- ETXETIK ORAIN : GAINERAKO GAUZAK

BY

BISHOP OCHEI INNOCENT

Edukia

" Negozio aukerak autobusak bezalakoak dira, beti dator beste bat".

- Richard Branson.

https://www.projectmanager.com/blog/30-best-business-quotes

" Egia esaten da: oraintxe bertan ez da gizonezkoek aldatu behar duten baizik eta zertara aldatu behar duen. Gizonak adreiluzko negozioak egin ezin baditu, zer negozio mota hartu beharko luke ? "

LIBURU HORI BURUZ

"Gizateriak ezagutzen dituen merkataritza edo negozio mota guztiak urrunetik edo etxetik egin daitezke termino sinple bat erabiltzeko.

Desabantaila bakarra da negozio mota batzuk beste batzuk baino astunagoak direla. Horietako batzuk ez dira go eremuak bihurtu.

Zergatik utziko luke inork erraza dena eta zailtasunen bila joango litzateke?

Liburu honen xedea da horrelako garai batean erraz egin dezakezun negozioa eta erraz egin ezin duzunaren arteko aldea zein den irakastea . Biak sarean egon litezke, urruneko lanetik kanpoko edozein gauza anormala delako ".

-Behin xehetasun gehiago 19. orrialdean

LEHEN KAPITULUA

ZER DA ONENA?

Ez dago dudarik nire buruan . Convid19 intzidentzia
batekin, asko s pertsona daude etxean .
Dira moztu beren adreiluz eta mortero
normal lanpostu batetik. Pandemiatik
hona, konpainia asko txikitu egin dira
eta asko bidali dute zopa zigiluaren
menpekotasunera.

Kaleratutako langile hauek uretatik
kanpoko arrainak bezalakoak
dira. Dakizuenez, arrain gehienek ezin
dute uretatik iraun. Zalantzarik baduzu,
jarri arrain bizia eguzkitan egun osoan
eta ikusi zer gertatzen den!

Garai hau oso nahasia da eta jende
askok utzi du itsaso zabalean ez jaka
ez txaluparik!

Esan beharrik ez dago jendea kezkatuta
dagoela . Egia esan, zer alternatiba

dituzten galdetzen
dute . Irabaziko duten ideia eta negozio
berriak bilatzen
lanpetuta nago honelako une
batean: Erosleak erosteko ahalmenik ez
duen garaia. Salgaiak bertan ez
daudelako garaia, asko itxita egon
badaude eta nazioak auto-koarentenan
daudelako!

A t denbora bat denean bat lmost denok
behartuta egonaldia etxean ez bada
osoa, partzialki onenean! Jende askok
hiriaren mutur batetik bestera
bidaiatzen zuen bizimodua irabazteko
baina orain Covid 19 murrizketek oso
zaila egin dute horrelako jendeari
transbordatzea! G To et ibilaldi
bat parke publikoetan orain zailagoa da
orratz bat begi bidez Karmel baten buru
pasatuz baino!

Larrialdi zerbitzuetako jendearekin
mugitu daitezkeenek ere zerikusia
duten neurriak hartzen dituzte. Zeregin
batzuk egin behar dituzte etxean zein
errepidean. One hala
nola, zeregin Munain maskarak janztea

uneoro . Era berean, garbitzeko ,
euren eskuak aldizka , saihestu ditugu
eta mugak fisikoak mantentzeko! Hau
zerrenda luze batetik batzuk hautatzea
da!

Arau berri hauek negozio transakzioak
oso zaildu dituzte.

Adin jakin batzuetako jendeak,
adibidez : batez ere 60
urtetik gorakoek, herrialde eta klima
askotan etxean
egoteko eskatu diete . Era berean , beren
burua berrogeialdian jartzeko eskatzen
zaie, bai beraien intereserako, bai
gizartearentzat, oro har. Adineko
herritar horiek ahulenak direla diote.

Indarrean dagoen ingurunea eta arauek
normaltasun berria sartu dute. Gauzak
ez dira lehen bezala. Garai batean
hawker bat hiriaren erdialdera etortzen
zen musika ozenarekin edo zilegi zen
zerbaitekin zarata atera eta jendetza
handia erakartzen zuen. Gehienetan
jendetza hain da handia jendea elkarren

artean estutzen dela. Inori ez zitzaion axola distantzia sozial edo fisikoaz.

Orduan, jendeak era guztietako trikimailuak erabiltzen zituen jendetza handiak arreta jartzeko.

Ondoren, d interludioak erabiltzen dituz te bera etorri zena esateko edo aurkezteko.

Garaia ere zirkuko birak egiten zirenean , zehatzago esateko, hiritik hirira mugitzen zen , bertara iristeko eta zarata handia ateratzeko arreta eta jendea erraz erakartzeko.

Egun hauetan zarata forma altuena egin baduzu ere, jendea etxean geratzen bi aukera eta lege, pol arabera eus duzuna iritsi zurekin saltzeko edo esan.

"Ez da ideia nabarmenik falta,
horiek gauzatzeko borondatea
falta da".

- Seth Godin

BIGARREN KAPITULUA

NORMAL BERRIA

Bezero potentzialek arratoiak
bezala katuen katuen zuloetara korrika
egin izanak sortzen du hori . Ez zara
gehiago merkatu tradizionaleko
espazioetara iristeko gai. Garai batean
jendea merkatura joaten zen. Orain,
merkatua haien ezkutalekuetara eraman
behar duzu!

*I t da orain
eginbeharra saltzaileak edo
merkaturatzaile ez atean itxaron
zelairatuko bezeroei wil l
ateratzen dira , baina bait
hartu! Ez, merkaturatzaileak
ordua da ondasunak
bezeroak zulatutako zuloetara era
mateko !*

Besterik ez dugu behar ez bakarrik aurre normal berri honen baina hura onena egiteko . Hau da, beraz , ikerketa adierazi duelako s , nahiz eta ondoren etorri pandemia eragindako murrizketak izan altxatzen , acquir ohiturak arg oso zaila hautsi egingo da. Enpirikoki frogatu da ohitura batzuk hartzea erraza den arren, oso zaila dela horiek uztea.

Beraz, agian ez da atzera bueltarik egongo. T zuen egun adreilu-eta-mortero merkatuen horiek ezagutu genuen bezala joan eta, seguruenik ona dira.

Aldaketa hau gutxienez oso nahasgarria izan da. Sektore asko jasan dituzte. Baimendu zenbait aipatzen:

Hezkuntzaren sektorea, adibidez, eta bereziki haurrei dagokienez, guztiz erori da. Kolpe gogorrena ikastetxe pribatuen jabeek jaso dute. Gurasoak lanera joaten ez direnez eta ez zuten diru bat ere irabazi, ezin izango dituzte eskola tasak ordaindu. Beraz, diru-sarrerei dagokienez ez zaie ezer heldu eskola pribatuen jabeei. Horregatik, haiek ere ezin zuten langilerik ordaindu . Uhinen eragina da, hala nola, langileek beren kabuz parte ditu familia eta feed beste pentzura. Ezin zituzten familia horiek hornitu, ez baitzuten.

Jabeek ere jabetzak ziurtatu behar izan dituzte, bestela , lekua zaintzen jarrai lezaketen ikasle eta langilerik ezean .

Gurasoek haurrei nola elikatu behar dien aurre egin behar izan diete eta goizetik gauera joera dute.

Fabrikazio, abiazio eta turismo sektoreak ere ez dira hobeto atera! Sektore horietan sortutako galerak eztabaidatu baino hobeto imajinatzen dira.

Kontuan hartuta, esan nahi dugu nahi edo ez, ezin dela sekula ohiko negozioa izan. The lanpostu tradizionalak dela guretzat edo horren bidez ematen dugu ematen erabiliko d gure maiteak, hartu dira kanpoan gizadiaren on behartu nabaria Corona birus 2020 pandemia arabera aldaketak eginez!

Pertsona asko hasi dira dagozkien aldaketak egiten. Ia gizateria osoak duela urte asko ikasi zituzten gauzak desikastu behar izan ditu. Haurtzaindegitik ohitutako ohitura ekintzaileak aldatu behar izan dituzte.

Egiaren da esan : izan ere, oraintxe ez da gizon aldatu beharko luketen baina zer aldatu behar zuen. Gizonak adreiluzko negozioak egin ezin baditu, zer negozio mota hartu beharko luke ?

Paradigma aldaketa honen ondorioz, jende asko sartzen ari da :

1. Merkataritza **elektronikoa** . Seg uru asko, honezkero jakingo da hau erosi eta saltzeko dendak linean jartzea da.
2. **Zuzeneko salmenta** . W e orain ikusten industriei asko aurrera integratzeko eta besoak luze

garatzeko eserita bezero potentzialak gela sartu iritsi nahian. Konpainiak langile ugari enplegatzen dituztela eta zuzenean etxera bidaltzen dutela misiolari salmentak egiteko antzina!

3. **Maila anitzeko marketina** . Enpresek maila anitzeko inprimakia zabaltzeko asko ikusi ditugu s marketing bertan zuzeneko salmenta beste modu bat da.

4. **Asko dira posta elektronikoko negozioak lantzen** . Honetan, ondasunak eta zerbitzuak posta elektroniko bidez saltzen dira. T bere sakonago iristeko horiek non bezero potentzialak aurkitu litezke sartu baimendu dezake.

5. Beste **batzuek blogak zuzentzen dituzte** . Informazio merkatari gehienei oso erabilgarria iruditzen zaie . Diru sarrerak sortzen dituzte plataforma horien informazioa saltzen .

6. **Beste batzuek beren
   ondasunak eta zerbitzuak
   saltzen
   dituzte Youtube eta Tiktok
   erabiliz** .
7. **APPS ere modan
   daude** . Ondasun partikularrak
   linean saltzeko eraikitako
   aplikazio espezializatuak dira.
8. **Beste batzuek
   beste** webgune **batzuk
   erabiltzen** dituzte, hala
   nola domeinu izenak gordeta dituz
   tenak eta beste
   batzuk WordPress bezalako gune
   generikoetan , eta abar luzea .

Hauek guztiak lineako mugimendu onak
dira . Guztiek dibidenduak ematen
dituzte ondo jarraituz gero eta nola eta
noiz beharrezkoa den jakiteko.

Hala ere, gizateria guztiak ezin du
negozio bera egin . Pertsona bakoitzak
horrelako momentu batean egokiena
den negozio eredua aukeratu behar du.

Askoz bezala denok ezin enpresa bera
egin, negozio guztien ezin daiteke
ere guztia egin aldi
berean. Antzararentzako saltsa dena ez
da beti ona izaten ganderentzat.

Ez da nahikoa sarean sartzeko garaia
dela jakitea. Jakin behar dugu zein
lineako ibilgailuek gure industriari eta
helburuari gehien balio diezaioketen.

Ia geroztik denek da online joan egun
hauetan , aw ary inbertitzaileak eskatu
nahi nuke: **ez da nahikoa ,
besterik joan online?**

*"Zoriontasuna ez dator lan erraza
egitetik, gure onena eskatzen zuen
zeregin zail bat lortu ondoren
lortzen den poztasunaren ostean".*

- Theodore Isaac Rubin

- Irakurri gehiago
    https://www.brainyquote.com/aut
    hors/theodore-isaac-rubin-
    quotes

HIRUGARREN KAPITULUA

AUSART EZ!

Aurreko galderaren erantzuna ezezko lodia da. Zalantzarik gabe, guztiok ez gara negozio eredu edo arlo berean sartu behar.

Har dezagun zinemagintza kobea bezala. Zinemagile guztiek ez dute Hollywooden egoitza! Dira? Zinemaren industrian guztiak ez dira aktoreak. Dira? Zinema banatzaile guztiek ez dute antzoki finkatuak erabiltzen! Batzuk aukeran nazioarteko zinema jaialdietan eta eskoletan soilik banatzen dira. Erromarako ibilbide ugari dago.

Hori dela eta, orain munduak adreilu eta mortero tradizionalen gainetik lineako negozioak hartzen dituenean, kontuan hartzeko aukerak izan behar ditugu , baita lineako industriaren barruan ere .

Zer aukera daude, bada?

Konfiantza nazazu, ez baitut sasiak jotzen. Nahiago nuke esandakoari zuzenean sartu eta hona hemen:

Pandemia eta ondorioz aldaketak gertatu aurretik, Biblia Eskola irakasten nuen eta igandeetan eta aste erdian elizetan predikatzen nuen. Uste dut jende askok diru sarrera iturri bat baino gehiago dituela. Ezin nintzateke bakarra izan.

Han eta hemen lortutako hobariekin nire familia osorik mantendu ahal izan nuen. Arropako koloratzailea berritzeko gai izan nintzen eta hari bihurtzen hasi aurretik aldatu nuen!

Bat-batean, denak iraganeko gauza bihurtu ziren Covid 19 jaunari esker ! Elizak itxi zituzten lehenengo gauzak izan ziren. Jendeak ere ezin zuen larunbatetan Bibliako ikastetxera etortze a . E ven nahi zuten bada, murrizketak mantendu denek gatibu etxe barruan !

Etxean geldirik nindoala ikusi nuen,
Jaunak nire ulermena ireki zuen arte,
eguzkiaren azpian dagoen guztirako,
denbora eta sasoia daudela
jakiteko. Bat-batean konturatu nintzen
adreiluzko Biblia Eskola sistematik
lineako eskola batera aldatzeko unea
iritsi zela.

Bizkor egin nuen nire dirua altxatu
zuten bi gauza. Lehenik eta behin, doako
iragarkiak jarri nituen **WhatsApp-**
en eta beste sare sozialetan. Horrek
ikasleak sarean edukitzea eragin
nuen . Ikasle New adina
zeuden kasuan in- dituzten pertsona
klaseak!

Bigarrenik, artzainentzako Writing
S ikastetxea hasi nuen eta Jack
Robinson esan aurretik , Afrikako
kontinentean lineako ikasle ugari
nituen . Dena linean egiten zen eta
itzultzaileak erabiltzen genituen
ingelesez hitz egiten ez zekitenei
zerbitzatzeko!

Horrek baieztatu zidan, jende asko etxean zegoela horrelako garai batean zer egin onena eta bururatu zitzaidana artzainen eskuetan zegoen benetako tresna zela frogatzen ari zela.

 Berrikuntza horren ondorioz , kontinente barruko artzain askok argitalpenak dituzte sarean zerbait irabazten dutenak. Etapa honetan irabazten dutena agian ez da asko izango, baina denborarekin itxaropena eman die egile eta
agian argitaletxe ezagun eta ospetsuak bihurtuko direla !

Ikerketan zehar jakin nuen ez zela soilik argitaratzea. *Gizateriak ezagutzen dituen merkataritza edo negozio mota guztiak urrunetik edo etxetik egin daitezke termino soil bat erabiltzeko.*

Desabantaila bakarra da negozio mota batzuk beste batzuk baino astunagoak direla. Zergatik utziko luke inork erraza dena eta zailtasunen bila joango litzateke?

Liburu honen xedea da horrelako garai batean erraz egin dezakezun negozioa eta erraz egin ezin duzunaren arteko aldea zein den irakastea. Biak sarean egon litezke urruneko lanetik kanpoko edozein gauza anormala delako.

Jarrera edo pentsaera horrek suposatzen du horrelako momentu batean erakartzen gaituzten hainbat negozio identifikatu behar ditugula eta hortik aurrera, idealetik aukeratu ahal izateko zailetik, analogikotik eta, beraz, erabilgarriengandik bereiztu behar ditugula.

Beraz, galdera honetara itzuliko gara: "zein da pertsona batek horrelako momentu batean egin dezakeen negozio molderik onena?"

" Munduko gauza garrantzitsu gehienak inolako itxaropenik ez zegoela ematen saiatu diren jendeak lortu ditu " .

<u>*Dale Carnegie*</u>

https://www.brainyquote.com/quotes/dale_carnegie_100661?src=t_business

LAUGARREN KAPITULUA

ENPRESA IDEALA?

Hau lan bat bertan ez duzu saldu edo eraman ezer hormigoi edo astuna da , iraungitze-data eta beste xehetasun ari zaren emanez ditugu kapitulu honetan dauka .

Beste modu batera esanda, hobe da hauek diren gauzak merkaturatzea :

1. **UZTAEZINAK** : ZERBITZUAK bezalako produktuak izan beharko lirateke . Hau online tra forman izan daiteke ining ikastaroak edo online eskolak baina bide ez zien mugatuak dira. Lineako entrenamendua eta aholkularitza ere kontuan har ditzakezu. Zerrenda amaigabea da.

2. **Merkataritza elektronikoko guneak ere exekutatu ditzakezu** .

Kasu honetan, mezularitza-konpainiekin lankidetzan aritzea pentsa dezakezu, orain salgaiak eskatutakoan entregatu beharko dituztenak.

Horrela, denbora eta baldintza onenetan entregatu behar diren objektu astunak edo hauskorrak eramateko estresa eta denbora aurreztuko duzu .

Ondasun hauek batez ere pisu handiko ondasunetan nagusitzearen desabantaila hauek dira:

1. **Zenbat eta astunagoak izan, orduan eta zailagoak** dira gora eta behera ibiltzeko. Batzuek kamioi garestiak eta espezializatuak behar dituzte fabrikatik bezeroera garraiatzeko. Ba al duzu funtsik ibilgailu espezializatu horietarako?

2. **Heavy ekipamendu gehienak ez dira jendeak egunero erosten dituen gauzak.** Pisu handiko makineria eta hegazkinak, bi aipatzearren ez dira aldizka erosten.

Jendeak aldizka saldu behar dituzu.

3 **Lapurrek erraz nabaritzen zaituzte.** Gauza horiek eramaten dituzunean ere begiratu ahal izango zaituzte eta pentsa dezakete asko balio dutela bolumen handikoak direlako soilik.

Inbertsio mota honetan daudenek funts gehiago dituzte segurtasuna bermatzeko.

Negozio mota hau ez da egokia hasiberrientzat.

4. **Batzuetan, segurtasuneko funtzionario ustel batzuek jazartzen zaituzte** , poltsa astunak eta garestiak eramaten zaituztela ikusten dutenean, ondasun bat beste lekura garraiatzen saiatzean.

5. Salgaietako **batzuk iraupen laburrekoak dira** eta berehala saltzen ez badira hil egiten dira. Farmazia konpainia askok beren produktuak eman edo eman behar izan dituzten egoerak ikusi ditut, iraungitze datak

gertu zeudelako. Horrelako dohaintzak gaixoen fakturazio handiko ospitale publikoetan egin ohi dira, bizitza laburra amaitu aurretik sendagaiak azkar erabil ditzaten.

Halako konpainiek bizirik diraute, etortzen direnean ekaitzak konkistatzeko aukera ematen dieten espezializazio eta baliabide handiengatik.

Baduzu horrelako baliabiderik?

6. **Salgaiak hain dira hauskorrak** , ezin direla garraiatu hirugarren munduko herrialde batzuetan ditugun errepide motetan. Hori dela eta, mota honetako salgaiak garraiatzera bazoaz, kontuan hartu behar duzu talde batzuek kalteak izan ditzaketela igarotzean eta zure ardurapean!

7. **Horrek ere esan nahi du asegurua beharko duzula.**

Negozio guztiek asegurua behar dute. Negozioa arriskua da eta gauzak gaizki atera daitezke edozein unetan.

Hala ere, asegurua urrun mantentzen da funtsaren beharrak eta urritasunak direla eta. Ez galdetu ea horrek negozioaren zentzua duen ala ez, xehetasun guztiak ez ditudalako.

Batzuetan , ordea, gure hiriburua da oso txikia. Gara , beraz, gure kabuz arriskuak guztiak estaltzeko gai ez. Horrek babeserako aseguru-polizak hartzera joatera behartzen gaitu . Aipatu beharra dago, gainera, zenbait arlotan asegurua legez eskatzen dela.

Asegurua ziur asko ondo iruditzen zaio kapitala gizena duen negozioari. Txanponaren beste aldean zarata izan liteke. Nire aholkua da negozioak arriskuak hartzea dela, arriskuak ahalik eta gehien murriztea uneoro , apustulari izan ezean !

Esan beharra dago, gaur egun negozio txikiekin gertatzen den moduan txikia hasten zarenean, batez ere etxetik ibiltzen direnekin, legezko aginduak izan

ezik, aparteko gastu guztiak ekidin
behar dituzu.

**Kontuan izan aipatutakoa ez dela
legezko aholkua, beharrak
agindutako urratsa baizik.**

8. ONDASUN BATZUK BILTEGI BEREZIAK BEHAR DITUZTE

I t da, beraz, horri t bota ahal izango
izango dituzu bereganatzeko zuretzat
apustua hem berehala moldaketa
egiteko non gorde kasuan ez duzun bota
ordutegi egiteko gabe!

Horrelako negozio batean sartzeko sasoi
onean dauden biltegiak eduki beharko
dituzu. Halako gauzek besoa kosta
dakizuke.

.

«Utzi atzera egiten ari zaizun
historiatik. Pasa zaitez sortzeko
prest zauden istorio berrira. "

Oprah Winfrey, hedabideen jabea

https://www.entrepreneur.com/article/
301171

BOSGARREN KAPITULUA

BESTALDE

W oilo garrantzitsu eta saguaren irauli bat bakarrik behar duten joan nahi duten munduko edozein lekutan bidali gauzak arreta, orduan dira jakintsuak duzu honako arrazoiak direla eta:

1. Bistakoa denetik abiatuta , esan dezadan berehala **oso digitalak eta ez analogikoak diren negozioak behar** ditugula . Honen bidez b aipatzeko dugu usiness es dezakezu zure telefono edo PC txiki batean eta munduko edozein lekutatik exekutatu.

2 . **Enpresa hori duela behar ez gehiegi prestakuntza** eta luzea unibertsitateko gradu zerrenda haiekin hasi aurretik. Gogoratu momentu batean edo bestean negozioa egiteko unibertsitatea utzi zuten multimillonarioen zerrenda luzea.

3. **Negozioa zure etxetik eroso egin dezakezu** . Leku asko behar ez
duten lekuetara joatea gomendatzen
dizugu .

Teknologiak etxearen eta lanaren arteko
zubia gainditu du.

4. **Zure irteera eta itxiera ordua erregimentatzen ez dituen horietakoa** . Zure erritmoan eta
denboran lan egiteko aukera ematen
duena.

Hori azpimarratu behar da zerbitzari eta
ugazaba negozio motaren
garaia desagertu delako. Gaur egun
ditugunak soft edo lankidetzak dira,
langile guztiak partaide
direnak. Zuzendari Nagusiarentzat lan
egiten dute zergatik zuzendari nagusia
ere haientzat lan egiten duten.

Berandu baino lehen
negozioa burtsan d aurrekontu
bihurtzen da .

5. **Ia denek behar duten zerbait sortzen duen negozioan aritu**

behar duzu. Azken bi kapituluetan flogatu genuen.

Begira ezazu zure
inguma eta ikusi gizateriak behar dituen
gauza asko daudela . Ez da suziri
zientzia jendeak egunero zer behar duen
ikustea : dagoeneko
dirua aldizka gastatzen duten gauzak .

Briti The s h Institute M de
arketing fi n es gisa merkaturatzen [me
laburbiltzen] :

Jendearen beharrak identifikatu eta behar hori etekinez aprobetxatzeko mobilizatzen dut.

Hemen aplikatuta, modu sinplean esaten ari garena da jendearen beharrak asetzen dituzten negozioetan inbertitu beharko genukeela: modu berritzaile batean, horrelako beharrak ustiatzearen bidez etekin edo etekinik handiena lortzeko aukera emango diguna.

Gainera, esaten ari gara ez duzula laguntza espezializaturik behar bilaketa proxy edo astoen bidez ikerketa egiteko jendeak behar duen elementu on bakarra lortzeko.

Zalantzarik izanez gero, begiratu maila anitzeko enpresa gehienei. Ikusiko duzu egiten duten guztia osasunean bezalako funtsezko arloetan inbertitzea dela, denek osasun ona behar dutela dakitelako.

Zuk ere gauza bera egin dezakezu. Ez dut esan nahi osasun arlo berean ere inbertitu dezakezunik. Hori posible eta debekatuta ez dagoen arren , esaten ari naizena da jendeak egunero erabiltzen dituen zenbait elementu bilatzea eta behar horiek hornitzeko mobilizatzea eta irribarrea egingo diozu bankuari.

Hala ere, goian aipatutako gainerako puntu guztiak kontuan hartu behar dituzu **. I t zaila izan daiteke hori ezaugarri guztiak ditu produktu bat aurkitu gainetik kapituluan azaltzen diren, baina horiek bezain betetzen dituzten aurki ditzakegu ahalik eta gehien.**

Negozioak zentzua du egunero egunero
ia denek behar duten zerbait
negoziatzeak.

Noiz B nintzela usiness aldizkaria
editorea I elkarrizketatu behin CEO /
kudeatzea D irector goranzko azkar
enpresa baten . Konpainiak dirua
irabazten zuen eta bere inbertitzaileen
artean milioidunak egiten zituen.

Milioi bat izateak zer behar duen galdetu
nion eta hauxe esan zidan:

*" Bilatu milioi bat lagunek 1
dolarretan eros dezaketen zerbait
eta horrek dolar milioidun
bihurtzen zaitu ! "*

Gainera , esan zuen :

*"Ez du axola salmenta hori
egiteko egun bat edo hilabetea
behar duzun.*

*" After egin dituzun behin , joan
eta beste aldiz errepikatu nahi yo
esan nahi bezala u aurkitu dute
irabazlearen formula bat eta
y ou ez irabazi formula*

aldatu! R Ather,
zuk berrikuntzak da ! "

Hitz horiek nire bizitza moldatzen lagundu zuten . Orain arte ere jarraitzen dut eta espero dut zurea ere hala izatea.

6 . Demagun jendeari dirua aurreztuko diozun negozioa ere, bankuari irribarre egin bitartean. Naturak gizakiak ez ditu gastatzea maite. W dute atsegin Ould kontserbatzeko funtsak ahalik eta gehien.

W oilo laguntzen dirua gordetzeko gurekin azkar besarkatu dugu enpresa bat ikusiko dugu. Horregatik, beherapenetan oinarritutako negozio gehienek prezio handiegietan saltzen dutenak baino gehiago irauten dute. Horregatik ikusten duzu negozio gehiago mugitzen jai garaietan kate dendek beherapenak egiten dituztenean! Horregatik, salmenta gehiago ditugu "Ostiral Beltzak!" Izenekoetan.

SEI KAPITULUA

EGIN ESKAINTZA

KANPORAEZINAK

Kapitulu honen izenburuak dioena lor dezakezu 5. kapituluan aipatutako puntu on guztien konbinazioa eginez .

Hona hemen gomendatzen ari garen kanporaketaren ikuspegia :

1. Saldu WHA T **jendeak dagoeneko erabiltzen dira** . Ez eskaini izotza eskimalei!
2. **Saguarekin birritan** saltzeko modukoa . Zenbat eta errazagoa eta erosoagoa izan, hobe.
3. You emateko **deskontuak ona.** E nsure erosketa bakoitza deskontua dator aldean den merkatu erregularra prezioa!

4.   Hau ere **kalitate goreneko zerbitzuekin** ezkondu beharko litzateke .

5.   A nd **abiadura** entrega-en! Kalera ateratzeko denbora eta dirua aurrezten diezu deskontuen bidez.

6.   Bada behar duzu **filiala exekutatu** programa nolabait garren hornitzeko gisa lankidetza bidez em industrian onena, ez duzu zure helburua lortzeko.

7.   **Erreferentziak** ordaintzea **suposatzen** duen negozioa zuzendu behar duzu .

Jendea zuregana jotzeagatik ordaintzen zaienean, bizitza osorako lan egin duzula esan nahi du eta oso denbora gutxian jende kopuru handira iritsiko zarela. Jendea zuregana zuzentzen dutenei ordaintzen diezun komisioaren kostua aurrez kalkulatzen da ematen ari zaren zerbitzuaren kostu prezioa finkatu aurretik. Saltzaileak eta erosleak irabazi behar du.

8.   Horrelako negozio baten **ordainketa sistemak** eskuragarri eta malgua izan behar du. Jendeak banku konbentzionalen eta ordainketa sistemen bidez ordaindu beharko du batez ere mundu osoan eskuragarri daudenen bidez. Horrela, jendeak ordaindutakoa erraz jaso ahal izango du egindakoagatik. Hau da, emandako zerbitzuetarako eta baita jendea zuregana bideratzeko ere.

Berrikuntza egin behar duzu eta munduko eremu jakin batera soilik mugatzen diren ordainketa sistemak desagerrarazi. Hau beharrezkoa da, mundua globalizatu delako eta pentsamendu mikroskopikoaren garaia betirako desagertu delako. Sartu sakonegiak ez diren maila anitzeko marketin sistemak. Saihestu ordenagailu lan gehiegi eskatzen dutenak eta agian sistemak kolapsoa egitea.

Egin A4 maila bateko orri batean hasi eta osa daitezkeen maila anitzeko marketin planak!

9.   **Lan batzuk inprimaki errekonozi mendu interprete handiko** zure negozioa. Eman sariak eta sariak ahal duzun guztietan.

10.   **Jarri atxikitzaileak** jendea zure negozioarekin jarrai dezaten eta fidela izan dadin. Bolumen handiko errendimendua lortzeko hobari moduan egon liteke!

«Amets egin ezkero, egin dezakezu. ”

- Walter Disney, Disneyren sortzailea

Brother Studio eta Disneyland.

ZAZPIGARREN KAPITULUA

AZKEN HITZA

Agian ez duzu goian zerrendatutako ezaugarri guztiak dituen negozio bat lortuko, baina gomendatzen dugunetik ixtea gomendatzen dugu.

Liburu honetan agertzen diren ezaugarri guztietan gauza bat falta da, hau da, otoitzak.

Kristaua naizen aldetik, ezin dut otoitzik gabe egin eta otoitz egitera animatzen zaituztet.

Edozein gizonek egiten duen edozein negozio egin behar du otoitzekin.

Kristauok guretzat, Bibliak ziurtatzen digu behin bizitza santua eraman eta Nazareteko Jesukristoren izenean galdetuta, eskatzen duguna gurea izango dela.

Kristaua ez bazara, Jesukristori buruz gehiago jakitera animatzen zaituztet.

Eskerrik asko eta Jainkoak bedeinka zaitzala.

BERRIZ ESKERRIK ASKO BIDEZ

IRAKURTZEAgatik.

OTOITZAREN BEHARRA IZAN

BEHAR DUT, MESEDEZ,

EMATAZI newochei@gmail.com
HURRENGO EDIZIOAN LIBURU HAU
HOBETZEKO
DITUZUEN IRADOKIZUNEKIN ERE
ANIMATZEN ZAITUT. AMAZONARI
BURUZKO BERRIKUSPEN ZINTZO
BAT ERABIL DEZAKEZU.

BEHIN BETIK ESKERRIK ASKO
LIBURU HAU IRAKURTZEA
AUKERATU ZARETELAKO ETA otoitz
egiten dut LIBURU TXIKI HONETIK
HITZA BAT ZURE BIZITZAN
GELDITZEKO.

= GOTZA OCHEI INOCENTE.

ERE GUSTATUKO ZAIZU

"ZERGATIK EZ DA NAHIKO SAREAN
PREDIKATZEA"

LIBURUAK IKUSLEAK
BEGIRATZEN DITUZTENEAN ETA
ENTZUTEN EZ DUTENEAN EGIN
BEHAR DITUGUN
GAUZAK KONTATZEN dizkigu.

EGILE BERAREN LIBURUAK

1.   KONSPIRAZIO ESPIRITUAREKIN TRATATZEAGABE.
2.   NOLAKOA BEKATU GABEKO TRATAMENDUA.
3.   NOLA LANDU ERABILERA GABEKO ERABILERAREKIN ETA BOTATZEKO ESPIRITUA.
4.   NOLA LOTU GORPUTZEZ ETA ARRAZAKETAREKIN.
5.   Beraz, PASTOR DEITZEN ZAIZU?
6.   KUDEATZAILE DEITZEN ZAIZU?
7.   Beraz, senarra deitzen al duzu?
8.   GIZON ERO BAT NOLA AHOLKU
9.   ZERGATIK BEHAR DA CHAPLAINCY?
10.   NOLA KUDEATU ERREPUTA

11.   NOLA jakin batek
malcontent
AURRETIK ezkontzeko bere.

12.   2050. urtea

13.   SORGINTZA
ESKULANGINTZA ETA OTOITZ
AZIDOAK BAITIK ZEHAR
TXARRAGOA SUNTSITZEKO.

14.   ZERGATIK ZENBAKI
HIZLARIAK GALDERAK EGIN
BEHAR DITU PULPITA
MONTATU AURRETIK.

15.   ZERGATIK PROFETA
ASKOREN KONGREGAZIO
TXIKIAK DITUZTE.

16.   NOLA PRODUKTU
ARGITASUN ARGAZKI
MENDAGARRIAK

17.   HITZ EGIN EDO HIL EGIN
POBREAN

18.   EMAN FEDEA EDO EZER.

19.   KRISTAU IZATEKO
ABANTAILAK

20.   ZERGATIK EZ DA ASKO
SAREAN PREDIKATZEKO!

EGILEARI BURUZ

BISHOP OCHEI INNOCENT, 64 urte,
NAZIOARTEKO DIMENTSIO
MINTEGI BERRIEN LEHENDAKARIA
DA.

KRISTAUAREN KRISI
ZENTROEN NAZIOARTEKO
KIDETAKO KIDEA DA , AEB
ETA KUDEAKETA AHOLKULARIA.

LIZZY-rekin EZKONDU DA ETA LAU
JAINKOAREKIN BEDEINKATZEN
DIRA HAURRAK BELDURTZEN

OHARRAK

OHARRAK

9 798739 090935